Helmstedt
Westerburg
Schlanstedt
MAGDEBURG
Langeln
Zilly
HUY
Huysburg
HAKEL
Calbe
Dardesheim
Schachdorf Ströbeck
Halberstadt
Cochstedt
Wernigerode
Derenburg
Wegeleben
Hedersleben
Benzingerode
Langenstein
Thekenberge
Harsleben
Schadeleben
Regenstein
Ditfurt
Gatersleben
Seeland
Schneidlingen
Heimburg
Westerhausen
Quedlinburg
Nachterstedt
Frose
Blankenburg
Teufelsmauer
Warnstedt
Seweckenberge
Hoym
Teufelsmauer
Weddersleben
Roseburg
Gegensteine
Ermsleben
Reinstedt
Wienrode
Timmenrode
Gernrode
Elbingerode
Hüttenrode
Roßtrappe
Thale
Bad Suderode
Rieder
Ballenstedt
Falkenstein/Harz
Endorf
Welbsleben
Rübeland
Meisdorf
Hermannshöhle
Stahlberg 525
Wendefurth
Ramberg
Quenstedt
Rappbode
Altenbrak
Friedrichsbrunn
Viktorshöhe 582
Burg Falkenstein
Wieserode
Sylda
Walbeck
Alsleben
Gr. Stemmberg 517
Selketal
Molmerswende
stausee
Treseburg
Mägdesprung
Pansfelde
Wiederstedt
Sandersleben
Stangerode
Alterode
Hettstedt
Alexisbad
Harzgerode
Abberode
Hasselfelde
Einetal
Gerbstedt
Schielo
Rotacker
Siptenfelde
Silberhütte
Wippertal
Mansfeld
Stiege
Güntersberge
Siersleben
Bärenhöhe 619
Klostermansfeld
Friedrichshöhe
Neudorf
Königerode
Siebigerode
Straßberg
Braunschwende
Benndorf
Breitenstein
Dankerode
Josefskreuz
Gorenzen
Helbra
Wippertalsperre
Wippra
Lutherstadt-Eisleben
Poppenberg 600
Gr. Auerberg 579
Grillenberg
Hayn
Süßer See
Stolberg
Rotha
Seeburg
Schwenda
Wolferode
Röblingen am See
Neustadt
Morungen
Wettelrode
Hornburger Sattel
Ilfeld
Salziger See
Riestedt
Niedersachswerfen
Questenberg
Rottleberode
Großleinungen
Osterhausen
Buchholz
Heimkehle
Wickerode
Nordhausen
Uftrungen
Wallhausen
Sangerhausen
Görsbach
Berga
Roßla
Bennungen
Sundhausen
Heringen
Stausee Kelbra
Kyffhäuser
Tilleda
Oberröblingen
Kelbra
Allstedt
kyffhäuser gebirge
Edersleben
QUERFURT
Auleben
Wolkramshausen
Badra
Rathsfeld
Großfurra
Artern
SONDERSHAUSEN
Panorama
Barbarossahöhle
Rottleben
Bad Frankenhausen
Roßleben

99 7240-7
1:40

Hans-Peter Gumann

WUNDERSCHÖNER HARZ

»Wenn schon bei weytem mächtigere und höhere Bergketten das südliche Deutschland durchziehen, so ist der silberreiche Harz, der aus der Mitte des nördlichen Deutschland einzeln emporsteigt, unter allen Gebirgen unseres Vaterlands seit altersher fast das berühmteste!«

Kaspar Friedrich Gottschalk, 1806

BRUCKMANN

Wanderland Harz

Harz – Hiker's Paradise

Le pays de la randonnée – le Harz

◀ DER HARZ, WANDERLAND VOM BESTEN: Der knorrige Wanderstab wurde allerdings von Mountainbike und Nordic Walking abgelöst. Die vielen Wanderwege hat der rührige Harzklub durch seine Landkarten und gut ausgezeichneten Wanderwege erschlossen. Die klar abgegrenzten Naturschutzgebiete werden sehr streng überwacht.

Harz, a veritable paradise for hikers: though their rough staves have been replaced today by mountain bikes and Nordic Walking. The Harz Club has been active in opening the area for hikers, producing maps and signposting paths. The clearly indicated nature reserves are strictly protected.

Le Harz, un pays idéal pour la randonnée: Le bâton de marche noueux est assurément dépassé par le vélo tout-terrain et le Nordic Walking. Grâce à ses cartes géographiques et des chemins de randonnée bien fléchés, le dynamique club du Harz a ouvert la voie à de nombreux itinéraires de randonnée. Les réserves naturelles clairement délimitées sont rigoureusement gardées.

◀ ◀ MIT DER DAMPFLOK auf den Brocken

Up the Brocken by steam train

Le voyage en locomotive à vapeur sur les étroites voies ferrées du Brocken est un vrai plaisir.

Bahnhof Schierke
Brockenbahn
Feuersteinklippe 100m
Ahrensklint 1,5km
Brocken
über Eckerloch 6,5km
Brocken
Erdbeerkopf-Spinne 1,5km
Drei-Annen-Hohne 5,5km
Glashüttenweg 1,5km
Leistenklippe 2,5km
Rasth. Plessenburg 10km

Inhalt

◁ WEGWEISER FÜR DEN WANDERFREUND zu den schönsten Zielen um den Brocken
The signpost points hiking fans in the direction of the Brocken's most worthwhile destinations
Pancartes menant le randonneur vers les plus belles destinations situées autour du Brocken

Wunderschöner Harz
Beautiful Harz / Le magnifique massif de l'Harz

Tacitus schreibt von der *hercynia silva*, einem Waldgebirge, das sich vom Harz bis in den Süden Germaniens erstreckt. Geologen sprechen von der herzynischen Masse, die vor etwa 400 Millionen Jahren riesige Gebirgsmassen bis zur Höhe des heutigen Himalaya aufgetürmt hat.
Vom Flachland im Norden sollte man sich dem Harz nähern, denn dann steigt plötzlich fast aus dem Nichts eine grüne Wand aus Bergen und Wäldern empor: der Harz, eine Schicksalslandschaft mitten in Deutschland, politisch wie kulturell. Heidnische Kultstätten, die Walpurgisnacht, die Kaiserpfalzen und mächtige Kirchen, bunte Fachwerkbauten in mittelalterlichen Städten, Festspiele und moderne Wellnessoasen geben dem Land seinen Charakter.
Eine Reihe von unterschiedlich geformten Hochflächen, runden Gipfeln und tief eingeschnittenen Tälern prägt die Landschaft. Der Granitgipfel des Brocken mit seinen 1142 Metern Höhe ragt als mächtiger Block darüber empor.
In den Wäldern wachsen neben den Fichten immer noch viele Buchen, Eichen und Walnussbäume. Bär und Wolf sind zwar ausgestorben,

◁ Die Feigenbaumklippe im Okertal
Feigenbaumklippe in Okertal valley
Le rocher du figuier dans la vallée de l'Oker

Tacitus wrote of *hercynia silva*, forested mountains extending from the Harz to the south of Germania. Geologists speak of the Hercynian Massif – towering, gigantic mountainous masses as high as the Himalayas today.
The way to approach the Harz is from the northern lowlands, where travelers see a green wall of mountains and forests rising from almost nothing: the Harz, a swathe of political and cultural destiny at the heart of Germany, its character shaped by heathen cult sites, the pagan feast of Walpurgisnacht, the imperial palaces and mighty churches, colorful half-timbered houses in medieval towns, festivals and modern spa facilities. The landscape is dominated by a series of plateaus, rounded peaks and deeply cleft valleys, overshadowed by the granite crag of the Brocken, a mighty block 1142 m high.
In the forests, spruce trees rub shoulders with plentiful beeches, oaks and walnut trees. Though bears and wolves have died out here, the extensive nature reserves are the habitat of wildcats, deer, wild boars, grouse and foxes.
Until the fall of the Berlin Wall, the Iron Curtain ripped wounds through the landscape, a wall topped with barbed wire and fringed with areas of no-man's land. West Harz, with the jewel-like towns of Goslar, Herzberg and Walkenried, was

Tacite évoque dans ses écrits *l'Hercynia silva*, un massif boisé qui s'étend du Harz au sud de la Germanie. Des géologues parlent du massif hercynien, né il y a environ 400 millions d'années de cela de la compression de gigantesques masses montagneuses atteignant une altitude identique à celle de l'Himalaya actuellement.
On devrait aborder le massif de l'Harz par la plaine du nord, car un mur vert de montagnes et de forêts surgit brusquement comme venu de nulle part : le Harz, un paysage à la destinée aussi bien politique que culturelle au beau milieu de l'Allemagne. Un pays bien à part avec ses lieux de culte païens, la nuit de Walpurgis, ses palais impériaux et ses monumentales églises majestueuses, ses constructions à colombage colorées des villes médiévales, ses festivals et ses oasis modernes de remise en forme.
Le paysage très diversifié est marqué par une succession de plateaux, de sommets arrondis et de vallées profondément encaissées. Le sommet de granite du Brocken se dresse tel un énorme bloc à 1142 mètres d'altitude. Dans les forêts, de nombreux chênes, hêtres et noyers poussent encore au milieu des épicéas. L'ours et le loup ont certes disparu mais les chats sauvages, les cerfs, les sangliers, les coqs de

aber Wildkatzen, Hirsche, Wildschweine, Auerhähne und Füchse sind in den großen Naturschutzgebieten heimisch.
Bis zum Mauerfall hinterließ der Eiserne Vorhang seine Wunden, eine Mauer mit Stacheldraht und Todesstreifen ging mitten durch die Landschaft. Der Westharz mit den Perlen Goslar, Herzberg und Walkenried gehörte zur Bundesrepublik, der Ostharz mit Quedlinburg, Wernigerode, Halberstadt und Eisleben zur DDR. Heute sind die Wunden größtenteils geheilt, der Todesstreifen ist über weite Strecken zum Naturschutzgebiet geworden, die Städte sind restauriert worden.
In seiner Vorgeschichte war das Gebirge bis weit ins 9. Jahrhundert hinein ein Rückzugsgebiet heidnischer Germanenstämme; viele Legenden aus dieser Zeit wie die Walpurgisnacht haben sich bis in unsere Tage hinübergerettet. Er st die Gewaltmission Karls des Großen und die Attraktivität der Bodenschätze ließen Ottonen und Salier mit Kaiserpfalzen, Domen und Burgen Fuß fassen. Der Harz wurde zur mächtigen Bastion deutscher Ostpolitik, denn im Gefolge dieser Entwicklung entstanden Städte, Klöster und Burgen. Adel, Kirche und reiches Patriziertum begründeten den historisch einzigartigen Ruf dieser Bilderbuchlandschaft.

in West Germany, while the east, with Quedlinburg, Wernigerode, Halberstadt and Eisleben, was the German Democratic Republic.
Today these scars have largely healed; tracts of no man‘s land are now nature reserves, the towns are restored.
From ancient times until well into the 9th century these mountains were a refuge of heathen Germanic tribes; many legends from these eras, including that of Walpurgisnacht, still survive. Only Charlemagne‘s campaign of forced baptism and the attractive mineral resources enabled the Ottonians and Salians to settle and found imperial palatinates, cathedrals and fortresses. As towns, monasteries and castles grew in their wake, the Harz became a mighty bastion of Germany‘s ostpolitik. The aristocracy, the church and the wealthy patrician class established the historically unique reputation of this picturesque region.
Reformer Martin Luther was born and died in the mining town of Eisleben. Later, the travel accounts of the German Romantics would attract visitors to Göttingen, Goslar, the Brocken or Quedlinburg.
"How often they yearned for the familiar rustling of the Harz forests," wrote Heinrich Heine; and little has changed. Today‘s visitors to the Harz

bruyère et les renards se sont acclimatés dans les grandes réserves naturelles. Avant la chute du mur, le rideau de fer a laissé des cicatrices, un mur avec du fil de fer barbelé et une zone de la mort passant au beau milieu du paysage. Le Harz de l'Ouest avec les villes magnifiques de Goslar, d'Herzberg et de Walkenried relevait de la République fédérale d'Allemagne, l'Est avec Quedlinburg, Wernigerode, Halberstadt et Eisleben faisait partie de la R.D.A. Les blessures sont pour la plupart guéries aujourd'hui, la zone défendue est devenue une réserve naturelle couvrant de larges espaces, les villes sont restaurées.
Si on remonte dans le temps jusqu'au 9e siècle, le massif montagneux était un refuge pour les tribus germaniques païennes, de nombreuses légendes datant de cette époque comme la nuit de Walpurgis sont restées intactes jusqu'à ce jour. La violente soumission imposée par Charlemagne et le pouvoir d'attraction exercé par les ressources minières conduisirent les ottoniens et les saliens à prendre pied dans cette région avec des palais impériaux, des cathédrales et des châteaux. Le Harz est devenu le bastion puissant de la politique de l'est allemande car c'est à la suite de ce développement que des villes, des cloîtres et des châteaux virent le

Der Reformator Martin Luther wurde in der Bergbaustadt Eisleben geboren und starb auch dort. Später waren es die deutschen Romantiker, die in ihren Reisebeschreibungen Besucher nach Göttingen, Goslar, auf den Brocken oder nach Quedlinburg lockten.
»Wie oft sie sich nach ... dem traulichen rauschen der harzwälder zurück sehnten«, schreibt Heinrich Heine, und daran hat sich wenig geändert. Wer heute in den Harz kommt, sucht die Schönheit der Landschaft, die Idylle der kleinen Städte, die Wohltat der vielen heilkräftigen Quellen oder im Winter, wenn der Schnee früher fällt als in den deutschen Alpen, die weitläufigen und gepflegten Langlaufpisten und auch ein paar recht respektable Abfahrten. Hier ist der Gast noch König. Die Menschen leben in Harmonie miteinander uns sind mit der Geschichte und der Natur eng verbunden. In den Städten mit den schmalen Straßen, den kleinen Gässchen und den weiten und reichen Marktplätzen, den wunderschönen Fachwerkhäusern und den historischen Rathausbauten offenbart sich für den Besucher ein Stück Mittelalter und erfüllt seine Sehnsucht nach Geschichte.

seek the beauties of nature, the idyllic little towns, the healthgiving powers of the many spas, the extensive network of groomed cross-country ski tracks and even a few downhill pistes. Here, the guest is king and people live in harmony, attuned to history and nature. In the towns with their narrow streets, quaint lanes and broad, prosperous market squares, beautiful half-timbered houses and historical town halls, visitors can relive medieval times and slake their thirst for history.

△ WINTERTRAUM AUF DEM BROCKEN
A winter wonderland on the Brocken
Rêve hivernal sur le Brocken

jour. La noblesse, l'église et les riches patriciens contribuèrent à l'exceptionnelle réputation historique de ce paysage pittoresque.
Le réformateur Martin Luther vit le jour dans la ville minière d'Eisleben et y mourut. Bien plus tard, ce sont les romantiques allemands qui, avec leurs récits de voyage, attirèrent les visiteurs vers Göttingen, Goslar, le Brocken ou Quedlinburg. Heinrich Heine écrit « Ils aspiraient si souvent ... au bruissement agréable et si naturel des forêts du Harz », cela a peu changé depuis. Les visiteurs du Harz aujourd'hui, viennent pour la beauté des paysages, l'idylle des petites villes, le bienfait des nombreuses sources thermales, ou en hiver, lorsque la neige tombe plus tôt que dans les Alpes allemandes, ils apprécient les grandes pistes soignées de ski de fond et les quelques descentes de skis bien entretenues. Ici, le client est encore roi et les hommes vivent en étroite harmonie avec l'histoire et la nature. Le Moyen-Âge se révèle au visiteur dans ces villes aux rues étroites, aux petites ruelles et aux grandes et vastes places de marché, aux magnifiques maisons à colombage, aux vieux édifices d'Hôtel de ville. Le visiteur assouvit ici sa nostalgie de l'histoire.

Göttingen

The Town of Göttingen / Göttingen

◁ GOETHE HAT DAVON GETRÄUMT, Heinrich Heine hat die Stadt verspottet: Göttingen, das Tor zum Harz, mit weltweit angesehener Universität der Gelehrten, der Nobelpreisträger.

Göttingen: Goethe's dream and the butt of Heinrich Heine's mockery. Göttingen, gateway to the Harz, with an internationally distinguished university of scholars and Nobel Prize winners.

Göttingen : Goethe a rêvé, qu'Heinrich Heine s'est moqué de la ville : Göttingen, la porte de l'Harz, avec ses érudits et ses Prix Nobel mondialement reconnus.

▷ STUDENTISCHES LEBEN mit Gasthäusern, urigen Kneipen, einer Vielfalt an Geschäften und vor allem berühmten Cafés geben der Universitätsstadt ein geradezu südländisches Flair.

The student life gives this university city an almost Mediterranean flair, with guesthouses, rustic inns, streets thronged with stores and, above all, famous cafés.

La vie étudiante avec ses auberges, ses bistrots très couleur locale, sa multitude de magasins, et avant tout les célèbres cafés qui donnent un charme bien méridional à la ville universitaire.

Der Brocken

The Brocken / Le Brocken

◀ DEN BROCKEN sollte jeder, der einmal im Harz war, bestiegen haben: zu Fuß durchs romantische Ilsetal oder mit der Schmalspurbahn, gezogen von einer Dampflokomotive – 16 Kilometer weit meist durch Wälder. Der Berg selbst ist eine Hochfläche mit Herberge, Wetterstation und einem kleinen Bahnhof.

Every visitor to the Harz must climb the Brocken, on foot through the romantic Ilsetal or by the narrow-gauge steam railway – a 16-kilometer journey, much of it through forests. The mountaintop itself is a plateau with a lodge, weather station and small railway terminus.

Toute personne ayant été au Harz, se doit d'escalader ou de monter au moins une fois sur le Brocken : à pied à travers la vallée romantique de l'Ilse ou en empruntant les étroites voies du chemin de fer en se faisant tirer par une locomotive à vapeur – 16 kilomètres principalement à travers les forêts. La montagne est en fait un plateau où se trouvent une auberge, une station météo et une petite gare.

Der Brocken – Blocksberg

The Brocken – Blocksberg / Le Brocken – Blocksberg

◁ Auf dem Hexentanzplatz versammeln sich in der Nacht zum ersten Mai jedes Jahr die Hexen, um zum Brocken (Blocksberg) zu fliegen und sich dort mit dem Teufel zu vermählen.

Every year on the eve before May 1, the witches gather at the »Witches' Dance Floor« before they fly to the Brocken (Blocksberg) and meet with the Devil.

Les sorcières se rassemblent la nuit sur l'Hexentanzplatz (la place de danse des sorcières) tous les premiers mais de chaque année pour prendre leur envol vers le Blocksberg et y épouser le diable.

▷ Die Kuppe des Brocken ist von einem Felsenmeer verwitternder Granitblöcke umgeben. Der Blick vom Gipfel geht bei klarem Wetter weit hinaus in die Norddeutsche Tiefebene.

The summit of the Brocken is beset by a sea of weathered granite blocks. In clear weather the view extends far across the North German lowlands.

Le sommet du Brocken est entouré d'une mer de falaises, blocs de granite érodés. Par temps dégagé, on aperçoit même du haut du sommet la basse plaine d'Allemagne du Nord.

Schloss Wernigerode

Wernigerode Castle / Le château Wernigerode

◀ DIESES »NEUSCHWANSTEIN« Norddeutschlands schuf im 19. Jahrhundert der preußische Vizekanzler, Graf Otto zu Stolberg und Wernigerode. Das neugotische Kleinod mit Kunstwerken aus der Zeit des berühmten Grafen ist heute Museum. Die acht Meter lange fürstliche Tafel ist immer noch festlich gedeckt.

The "Neuschwanstein of the North" was built in the 19th century by Germany's Vice-Chancellor, Count Otto of Stolberg and Wernigerode. The neo-Gothic jewel, with works of art from the famous Count's era, is today a museum. The dining table, 8 meters in length, is set for a banquet.

Ce « Neuschwanstein » de l'Allemagne du Nord fut créé au 19e siècle par le vice-chancelier prussien, le comte Otto de Stolberg et de Wernigerode. Ce joyau néogothique est aujourd'hui un musée rassemblant des œuvres d'art datant de l'époque du célèbre comte. La table princière avec ses 8 mètres de long est encore dressée avec faste.

Die Stadt Wernigerode

The Town of Wernigerode / La ville de Wernigerode

◀ Am Marktplatz steht der Marktbrunnen, auch Wohltäterbrunnen genannt. Er wurde in neugotischem Stil gegossen und ist von Wappenschildern verdienter Bürger und Adeliger umgeben.

The Market Fountain, also known as the Benefactor's Fountain, stands on the market square. A neo-Gothic work of cast metal, it displays the arms of meritorious citizens and aristocrats.

Sur la place du marché se dresse la fontaine du marché, appelée aussi la fontaine de bienfaisance. Elle a été construite dans un style néogothique et elle est entourée d'écus de citoyens et de nobles méritants.

▶ Der Weihnachtsmarkt im Lichterglanz am Marktplatz vor dem historischen Rathaus. Die barocken Fachwerkhäuser rund um den Platz verleihen dem Markt sein einzigartiges Flair.

The Christmas market, a sea of light on the market square in front of the historical town hall, takes its unique flair from the Baroque half-timbered buildings surrounding the square.

Le marché de Noël tout illuminé se situe sur la place du marché devant l'ancien Hôtel de ville. Les maisons à colombage baroques cernant la place donnent au marché un charme exceptionnel.

Hotel Gothisches Haus

Das bunte Wernigerode

Colorful Wernigerode

Wernigerode, toute en couleurs

◀ Bei einem Spaziergang durch die Stadt ist da plötzlich ein Stück Vergangenheit: gemütlich, nostalgisch – und beste Kuchen laden zum Verzehr ein. Seit über 100 Jahren befindet sich hier das bezaubernde Café Wien.

A stroll through the town suddenly reveals a survival from the past: cozy, nostalgic and with superb cakes. Enchanting Café Wien has stood here for over 100 years.

Une ballade au travers de la ville vous plonge brusquement dans le passé : chaleur, nostalgie et les meilleurs gâteaux qui soient. Ici depuis plus de 100 ans se dresse le charmant café de Vienne.

▶ Gleich gegenüber vom Rathaus am Marktplatz steht das Hotel Weißer Hirsch in einem jener großartigen Fachwerkbauten, die der Stadt den Namen »Bunte Stadt im Harz« gegeben haben.

Opposite the town hall, Hotel Weisser Hirsch occupies one of the magnificent half-timbered buildings that gave Wernigerode its name of »colorful town in the Harz«.

C'est dans un des plus exceptionnels bâtiments à colombage, qui ont donné à la ville le nom de « ville colorée du Harz » que se tient, juste en face de l'Hôtel de ville sur la place du marché, l'hôtel « Weißer Hirsch ».

Hotel Weißer Hirsch

Bad Harzburg – Radaufall

Bad Harzburg: Radau Falls

Bad Harzburg : la chute d'eau de Radau

◀ Dieses malerische Naturereignis ist zum beliebten Ausflugsziel geworden. Etwa drei Kilometer vor Bad Harzburg an der rechten Seite der Bundesstraße nach Torfhaus stürzen die abgeleiteten Wasser des kleinen Gebirgsbachs Radau, dem der Wasserfall seinen Namen verdankt, über steile Felsen 22 Meter in die Tiefe.

This picturesque natural spectacle has become a popular excursion destination. Around three kilometers from Bad Harzburg, to the right of the main highway to Torfhaus, the Radau mountain stream after which the falls are named has been diverted and plunges for 22 meters over steep cliffs.

Ce phénomène naturel pittoresque est devenu une destination prisée. Trois kilomètres environ avant Bad Harzburg sur le côté droit de la route fédérale après Torfhaus, on peut voir les eaux en provenance du petit ruisseau de montagne Radau, dont la chute d'eau porte le nom, se jeter d'une hauteur de 22 mètres dans le vide sur d'abruptes rochers.

Bad Harzburg

At Bad Harzburg / Bad Harzburg

◀ Am Nordrand des Harzes gelegen, ist Bad Harzburg mit seinen Heilquellen berühmt geworden. Die Trinkhalle ist ein eindrucksvolles Zeugnis der Bäderarchitektur des 19. Jahrhunderts.

Bad Harzburg, at the northern edge of the Harz, grew famous for its medicinal springs. The pump room is an impressive example of 19th-century spa architecture.

Située à la frontière nord du Harz, Bad Harzburg est devenue célèbre grâce à ses sources d'eau thermale. La buvette thermale est un témoignage impressionnant de la « Bäderarchitektur » du 19e siècle.

▶ Die Soletherme ist die Attraktion für Kurgäste und Einheimische. Aus über 800 Metern Tiefe strömt die salzhaltige und heiße Lösung in vier große Becken zum Wohle der Badenden.

The saline baths attract spa visitors and locals. Bubbling up from over 800 meters' depth, the hot springs pour into four large bathing pools.

Les thermes salins attirent les curistes et les habitants de la région. La source d'eau saline située à plus de 800 mètres de profondeur vient alimenter quatre grands bassins pour le plus grand plaisir des baigneurs.

Goslar im Mittelalter

Medieval Goslar / Goslar au Moyen-Âge

◂ GOSLAR WAR SCHON VOR 1000 JAHREN die Lieblingsresidenz von Kaisern wie Heinrich I. oder Heinrich III., reich wegen der umliegenden Bergwerke, handelstüchtig als Mitglied der Hanse und zentral gelegen. Das weitgehend aus dem Mittelalter erhaltene Stadtbild spiegelt heute noch die historische Bedeutung Goslars wider.

1000 years ago, Goslar was already the favorite residence of emperors including Henry I and Henry III: prosperous from its nearby mines, a thriving seat of commerce in the Hanseatic League located at the heart of Germany. Today Goslar's well-preserved, largely medieval center reflects its historical significance.

Il y a 1000 ans déjà, Goslar était la résidence favorite des empereurs Henri Ier ou Henri III. Riche grâce à ses mines situées aux alentours, elle était aussi très commerçante en tant que membre de la Hanse. Le paysage urbain en grande partie d'origine moyenâgeuse reflète aujourd'hui encore l'importance qu'a pu avoir Goslar par le passé.

Rats-Apotheke

Zauberhaftes Goslar

Enchanting Goslar / La ravissante Goslar

◀ Auf der Marktsüdseite befindet sich eines der schönsten Häuser der Stadt: die Kaiserworth, das prunkvolle Gildehaus der Tuchhändler. In den Nischen stehen acht hölzerne Kaiserfiguren.

On the southern side of the market stands one of the town's most beautiful buildings: Kaiserworth, the magnificent clothiers' guildhall, decorated with eight wooden statues of emperors.

L'une des plus belles maisons de la ville se dresse au sud de la place du marché : la Kaiserworth, magnifique bâtisse des gildes de commerçants d'étoffes. Huit statues en bois représentant l'empereur se tiennent dans les niches.

▷ Einer der schönsten Weihnachtsmärkte findet auf dem Marktplatz statt. Inmitten von Fachwerkhäusern haben Glasbläser, Zuckerbäcker, Spielzeugmacher und Kunsthandwerker ihre Buden.

The market square is home to one of the most beautiful Christmas markets, where half-timbered buildings surround the stalls of glassblowers, bakers, toymakers and craft sellers.

L'un des plus beaux marchés de Noël a lieu sur la place du marché. Les souffleurs de verre, les pâtissiers, les fabricants de jouets et artisans ont leur boutiques et ateliers parmi ces maisons à colombage.

Goslar

At Goslar / Goslar

◀ **Die Marktkirche** mit ihren Schutzpatronen St. Cosmas und Damian glänzt durch die Glasmalereien ihrer Chorfenster und die hölzerne Kanzel mit biblischen Szenen.

The market church, with patron saints St. Cosmas and St. Damian, glows with the glory of its stained-glass chancel and wooden pulpit with Biblical scenes.

L'église du marché, dont les saints patrons sont St Cosmas et St Damien est resplendissante avec les peintures sur verre représentées sur ses vitraux et sa chaire en bois ornée de scènes bibliques.

▶ **Das Stammhaus** der Industriellenfamilie Siemens von 1693 ist heute eines der besterhaltenen Bürgerhäuser. Nach einer gelungenen Renovierung ist es wieder ein prächtiger Fachwerkbau.

The ancestral home of the industrial dynasty of Siemens was built in 1693. After restoration, the superbly preserved townhouse is once again a magnificent example of half-timbering.

La maison mère de la famille industrielle Siemens date de 1693, elle fait partie des maisons bourgeoises les mieux conservées à ce jour. Après avoir été rénovée, elle est redevenue un splendide édifice à colombage.

Bergstraße
Obere Mühlenstraße

Kaiserpfalz Goslar

Goslar Imperial Palace / Le palais impérial de Goslar

◀ DAS HERZ HEINRICHS III. (1017–1056) liegt in der doppelgeschossigen St. Ulrichskapelle in einem Sarkophag unter einer überlebensgroßen Steinplastik begraben.

The heart of Henry III (1017–1056) is buried in a casket under a larger-than-lifesize stone effigy in the two-storey Chapel of St. Ulrich.

Le cœur d'Henri III (1017–1056) repose dans un sarcophage de la chapelle à deux étages de Saint-Ulrich, enterré sous une sculpture de pierre de taille surdimensionnée.

▶ DIE KAISERPFALZ, ein Monumentalbau, den Heinrich III. als seine Lieblingsresidenz errichten ließ. Im Original erhalten sind das imposante Kaiserhaus und die Domvorhalle.

The Imperial Palace, a monumental edifice built by Henry III as his favorite residence. The imposing hall and cathedral porch are original.

Le palais impérial est une construction monumentale qu'Henri III fit ériger comme sa résidence favorite. L'imposante maison de l'empereur et le porche de la cathédrale sont encore d'origine.

FRIEDRICH I
BARBAROSSA

GRAND SILVER STAR
HOTEL
BEST ROOM IN TOWN
HARNESS HOPS
SHIRT
COMPANY
TOYS & CANDY
ESTABLISHED 1871
SILVER SADDLE
TEA COFFEE HOUSE
Sweet Dreams Inside

Hasselfelde – Westernstadt Pullman City

Hasselfelde, Pullman City Wild West Theme Park

Hasselfelde, Pullman City, ville de western

◀ Echte Helden wie Sitting Bull trifft man hier nicht. Aber der Wilde Westen ist gegenwärtig, ohne Gewalt und Schießereien, aber mit Spaß am Western und seiner Atmosphäre.

Despite the lack of real heroes like Sitting Bull, here the Wild West is brought to life. No violence or shoot-outs, but plenty of Western-style fun and atmosphere.

On n'y rencontre pas de vrais héros comme Sitting Bull. Mais le vrai Western existe réellement ici, sans violence et sans fusillades, avec un côté divertissant propre au western et à son atmosphère.

▶ Die Postkutsche mit Kutscher und Begleiter kommt hier regelmäßig an, und Goldsucher in Originalkleidung schürfen im Klondike Goldwash Camp, meist vergeblich, nach Reichtum.

The post coach with coachman and groom drives up regularly, and gold-hunters in original garb pan – usually unsuccessfully – for riches in Klondike Goldwash Camp.

La diligence de la poste avec son cocher et son compagnon passe régulièrement par ici, les chercheurs d'or en tenue d'époque cherchent fortune au camp de Klondike Goldwash, la plupart du temps vainement.

Wiesenbeker Teich

Wiesenbeker »Pond« / L'étang de Wiesenbeker

⏴ Der Wiesenbeker Teich im Südharz, ein durch Bergleute angelegter Stausee mit sauberem und klarem Wasser, ist ideal als Wanderziel zwischen Bad Lauterberg und Bad Sachsa. Empfehlenswert ist hier im Herbst ein Rundweg, wenn sich das Laub fast wie im amerikanischen Indian Summer bunt färbt.

Wiesenbeker »Pond« in Southern Harz, a reservoir of clean, clear water constructed by miners, is an ideal stopping-point for hikers between Bad Lauterberg and Bad Sachsa. A walking tour in fall, amid richly glowing foliage akin to America's »Indian summer,« is recommended.

L'étang de Wiesenbek situé au sud de l'Harz est un lac de retenue aux eaux propres et limpides, qui fut aménagé par des mineurs ; il constitue une étape idéale pour les randonnées entre Bad Lauterbach et Bad Sachsa. Il est particulièrement recommandé de faire une ballade ici en automne, lorsque le feuillage se pare de mille couleurs à l'instar de l'été indien américain.

Bergwerke und Bergwerksmuseen

Mines and Mining Museums

Les mines et les musées de la mine

◀ In der Grube Büchenberg wurde über 1000 Jahre lang Erz abgebaut. Ein Schaubergwerk mit Maschinen aus der Grube ist zu besichtigen und ein Lehrpfad führt durch einen Stollen.

Büchenberg was a source of iron ore for over 1000 years. Show mines with machinery from the original mine can be visited, with an information trail through one of the galleries.

On exploita le minerai pendant plus de 1000 ans dans la mine de Büchenberg. On peut y visiter une mine aménagée en musée et ses machines ; un sentier didactique vous guide au travers d'une galerie.

▶ Auf dem Rammelsberg wird seit etwa 3000 Jahren Silber, Blei und Kupfer abgebaut. Heute ist dort ein modernes Bergwerksmuseum mit allen technischen Ausrüstungen zu besichtigen.

Silver, lead and copper mining was practiced at Rammelsberg for around 3000 years. Today it houses a modern mining museum with machinery from various eras.

Cela fait bientôt 3000 ans qu'on extrait de l'argent, du plomb et du cuivre de la Rammelsberg. Aujourd'hui on peut y visiter un musée de la mine moderne équipé de tous les équipements techniques correspondants.

Welfenschloss Herzberg

Herzberg, Castle of the Guelphs

Herzberg, le château des Welf

◂ HOCH ÜBER DER STADT HERZBERG thront auf einer Juraklippe das Welfenschloss. Nach einer schweren Feuersbrunst im Jahr 1510 entstand das Schloss mit seinem vierseitigen Innenhof als Fachwerkbau neu. Um 1900 richtete man hier ein Museum ein, das vor allem die Sozial- und Wirtschaftsgeschichte des Landes aufzeigt.

Atop a Jurassic crag high above the town of Herzberg towers the castle of the Guelphs. After a fire in 1510, the castle was rebuilt as a half-timbered building with square courtyard. It has housed a museum of regional social and economic history since 1900.

Surplombant la ville d'Herzberg, le château des Welf se dresse au bord d'une falaise du massif du Jura. Après un grand incendie survenu en 1510 qui eut de graves conséquences, le château fut reconstruit avec une cour intérieure dont les quatre flancs sont couverts de pans de bois. On y construisit un musée vers 1900, il devait surtout présenter l'histoire sociale et économique de la région.

Clausthal-Zellerfeld

At Clausthal-Zellerfeld / Clausthal-Zellerfeld

◀ CLAUSTHAL-ZELLERFELD IST BERÜHMT geworden durch seine hoch angesehene Technische Universität. Das Oberharzer Bergwerksmuseum mit dem eindrucksvollen Schaubergwerk ist sehenswert.

Clausthal-Zellerfeld is home to a distinguished technical university. The Upper Harz Mining Museum, with its fascinating show mine, is impressive.

Clausthal-Zellerfeld est devenue célèbre grâce à la très bonne réputation de son université de technologie. Le musée de la mine d'Oberharzen mérite d'être vu avec sa remarquable mine aménagée en musée.

▶ DIE LEUCHTEND BLAUE MARKTKIRCHE ist mit ihren 2200 Sitzplätzen die größte Holzkirche Europas. Kanzel, Altar und Taufgruppe sind bedeutende Werke eines frühbarocken Meisters.

The glowing blue market church is Europe's largest wooden church, seating 2200. The chancel, altar and font are important works of early Baroque sculpture.

Avec ses 2200 places assises, l'église du marché baignée ici d'une lueur bleue est la plus grande église en bois d'Europe. La chaire, l'autel et les fonds baptismaux sont des œuvres remarquables qui ont été réalisées par un maître du style baroque primitif.

Harzer Höhlen

Caves of the Harz / Les grottes du Harz

◀ DIE WEITLÄUFIGE HERMANNSHÖHLE wurde beim Straßenbau entdeckt. Herrliche Tropfsteingebilde, ein steinerner Wasserfall und der funkelnde Kristallsaal beeindrucken jeden Besucher.

The extensive Hermannshöhle cave was discovered during street building operations. It features stunning dripstone formations, a stone »waterfall« and sparkling »crystal hall«.

La profonde grotte d'Herrmann fut découverte à l'occasion de la construction d'une route. De magnifiques formations de stalagmites et stalactites, une cascade de pierre et une salle de cristal scintillante impressionnent le public.

▶ IN DER EISZEITLICHEN EINHORNHÖHLE hoffte man vergeblich Reste des sagenhaften Tiers zu finden. Ein 600 Meter langer Weg führt zu fossilen Knochenfunden und in die Blaue Grotte.

The Ice Age »Unicorn Cave« was once claimed to house relics of the mythical beast. A 600-meter path leads to deposits of fossilized bones and the Blue Grotto.

Dans la grotte de la licorne datant de l'ère glaciaire, on a vainement espéré trouver les restes de cet extraordinaire animal. Un chemin long de 600 mètres mène aux découvertes d'ossements fossiles et à la grotte bleue.

Burg Falkenstein

Falkenstein Castle / Château fort de Falkenstein

◀ Die Burg Falkenstein ist ein wahres Märchenschloss und die am besten erhaltene im Harz. Ein Falkenhof mit Greifvögeln und ein reich ausgestattetes Museum sind lebendige Geschichte.

Falkenstein Castle is a veritable fairy-tale castle and the best-preserved in the Harz. A falconry center and an impressive museum bring history to life.

Le château fort de Falkenstein, vrai château de contes de fée, est le mieux conservé du Harz. Une fauconnerie et ses rapaces et un musée richement décoré vous font voyager à travers l'histoire.

▶ Die Etikette war streng am Tisch der Grafen von Konradsburg. Ein Rittermahl mit Gerichten der historischen Burgküche ist ein Erlebnis von Geist und Geschmack vergangener Tage.

Etiquette was strict at the table of Count von Konradsburg. A medieval banquet with dishes from the historical castle kitchen provides memorable insight into the spirit and tastes of the past.

L'étiquette était rigoureuse à la table des comtes de Konradsburg. Un dîner de chevaliers composé de mets concoctés dans la célèbre cuisine du château éveillera vos sens et vous fera goûter aux saveurs d'autrefois.

Aschersleben

At Aschersleben / Aschersleben

◁ DEM RATHAUS wurde im 19. Jahrhundert ein wuchtiger Giebelbau im Stil der Zeit hinzugefügt. Hübsch sind die Dachsäulen mit runden Helmen und die verspielten Fensterumrahmungen.

In the 19th century a gable was added in the popular style of the time. The domed roof pillars and quaint window-frames are attractive features.

Au 19è siècle un imposant pignon fut ajouté dans le style de l'époque à l'hôtel de ville. Les colonnes du toit prolongées de boules et les encadrements de fenêtres enjoués sont bien jolis.

▷ DAS RATHAUS wurde im 16. Jahrhundert erbaut und im 19. restauriert. Der Erker nach Osten hin und der Treppenturm mit Elementen der Gotik und Renaissance sind gute bürgerliche Baukunst.

The Town Hall was built in the 16th century and restored in the 19th. The east-facing oriel and stepped tower with Gothic and Renaissance elements are good examples of town architecture.

L'hôtel de ville fut construit au 16e siècle puis restauré au 19e siècle. L'encorbellement à l'est et la tour abritant un escalier avec des éléments de style gothique et Renaissance relèvent d'une bonne architecture bourgeoise.

Harzer Vorland

The Harz Foothills / L'avant-pays du Harz

◀ Nördlich des Harzes ändert sich das Bild der Landschaft schlagartig. Die von gewaltigen Eiszeitgletschern geschaffene Norddeutsche Tiefebene mit ihren Sand- und Lössböden ist für eine intensive Landwirtschaft auf großen Feldflächen geradezu wie geschaffen. Einst folgten hier Rentierjäger gewaltigen Herden.

To the north of the Harz the landscape suddenly changes, giving way to the North German lowlands, carved by the mighty Ice Age glaciers and with sandy, loamy soils that are ideal for intensive large-field farming. Here, vast herds of reindeer were once hunted.

Le paysage change subitement au nord du Harz. La basse plaine du nord de l'Allemagne, née de l'empreinte laissée par d'énormes glaciers de l'ère glaciaire, est idéale avec son sable et ses sols de loess pour l'agriculture intensive pratiquée sur de grandes superficies de champs. Autrefois, les chasseurs de rennes pourchassaient ici de grands troupeaux.

Hahnenklee und Duderstadt
Hahnenklee and Duderstadt
Hahnenklee et Duderstadt

◁ DIE NORDISCHE STABKIRCHE in Hahnenklee ist einzigartig in Deutschland. Zwölf starke Masten tragen die gesamte Konstruktion. Die Holzpfeiler im Innern stützen die Emporen.

Hahnenklee's Nordic-style stave church is unique throughout Germany. The construction is borne by twelve mighty posts, with wooden beams supporting the interior galleries.

L'église en bois de style norvégien d'Hahnenklee est unique en Allemagne. Douze mâts robustes supportent l'ensemble de la construction. Les piliers de bois soutiennent les tribunes à l'intérieur.

▷ DAS RATHAUS VON DUDERSTADT zählt zu den ältesten Rathäusern Deutschlands. Auf einem Sandsteinquaderbau erhebt sich ein Obergeschoss mit Giebeln, Erkern und drei Türmen.

Duderstadt Town Hall is among Germany's oldest. The upper floor of gables, oriels and three towers is based on a foundation of sandstone ashlars.

L'Hôtel de ville de Duderstadt compte parmi les plus vieilles mairies d'Allemagne. L'étage supérieur avec ses pignons, ses encorbellements et ses trois tours repose sur un socle en blocs de grès.

Nordhausen

At Nordhausen / Nordhausen

◀ Roland – seine Statue steht am Rathaus. Die Figur ist Zeichen für Gerichtsbarkeit, Marktrecht und andere Privilegien der Stadt, das Symbol eines starken Bürgertums.

The figure of Roland at the Town Hall symbolizes jurisdiction, market rights and other privileges of the town – a sign of a strong bourgeois class.

Roland – sa statue est accolée à l'Hôtel de ville. Le personnage représente la juridiction, le droit mercantile et d'autres privilèges propres à la ville, il est le symbole d'une bourgeoisie forte.

▶ Nordhausen ist weltweit für seinen Doppelkorn bekannt. Eine Vielzahl von Lokalen hat sich in den sehr gut renovierten Fachwerkbauten rund um den Altstadtkern niedergelassen.

Nordhausen is world-famous for its Doppelkorn schnapps. The beautifully restored half-timbered buildings around the old center house a host of inns.

Nordhausen est connue dans le monde entier pour son eau de vie de grains, le « Doppelkorn ». Une multitude de restaurants s'est installée autour du cœur de la vieille ville dans des constructions à colombage très bien restaurées.

FELIX
FELIX
FELIX

Stolberg

At Stolberg / Stolberg

◂ Das Schloss auf einem Bergsporn über der Stadt war 700 Jahre lang die Residenz der Grafen von Stolberg und ist heute Museum. Das Städtchen, aus einer Bergmannssiedlung entstanden, mit seinen Fachwerkbauten aus dem Mittelalter, gilt als eine der Perlen des Harzes. Einst wurde hier Kupfer, Silber und Gold abgebaut.

The castle, on a spur of rock overshadowing the town, was the residence of the Counts of Stolberg for 700 years and is a museum today. The town grew from a mining settlement and is a jewel of the Harz, with medieval half-timbered buildings. Copper, silver and gold were once mined here.

Le château, situé sur un éperon de montagne au-dessus de la ville, a été pendant 700 ans la résidence des comtes de Stolberg et est aujourd'hui un musée. La petite ville, qui était à l'origine une colonie de mineurs, est considérée comme un des joyaux du Harz avec ses constructions à colombage du Moyen-Âge. Autrefois, on y exploitait le cuivre, l'argent et l'or.

Kyffhäuser-Denkmal
The Kyffhaeuser Monument
Monument de Kyffhäuser

▷ KYFFHÄUSER: Mythos und nationales Monument. In dem Berg soll der Stauferkaiser Barbarossa schlafen und eines Tages Deutschland zu neuer Herrlichkeit führen. Im Berg liegt eine Höhle, in der man den Kaiser auf einer Bank schlafend sehen soll. Tausende kommen jährlich, um das Denkmal zu bewundern.

Kyffhaeuser: both myth and national monument. The Staufer Emperor Barbarossa is said to sleep on a bench in a cave deep within the mountain, one day to lead Germany to new glory. The monument attracts thousands of visitors every year.

Kyffhäuser : le mythe et le monument national. L'empereur de la Maison des Staufer Barberousse reposerait endormi dans les flancs de la montagne et reviendrait faire un jour de l'Allemagne un grand pays. Une caverne se trouve dans la montagne, dans laquelle on peut voir l'empereur dormir sur un banc. Des milliers de personnes viennent chaque année admirer le monument.

Schlösser in Blankenburg

Blankenburg's Castles

Les châteaux de Blankenburg

◀ DAS KLEINE SCHLOSS, ein massiver Barockbau – heute ein Museum –, liegt am Stadtrand von Blankenburg. Sein schön angelegter Terrassengarten mit zahlreichen Springbrunnen und Skulpturen ist einen Besuch wert.

Blankenburg's »Little Castle« is a Baroque building on the edge of the town, today housing a museum and set in attractive terrace gardens with fountains and sculptures.

Le petit château, construction imposante de style baroque – qui est aujourd'hui un musée –, se dresse aux abords de la ville avec son jardin en terrasses bien soigné, ses nombreuses jets d'eau et ses sculptures.

▶ DAS GROSSE SCHLOSS ist ein repräsentativer Bau aus der Barockzeit. Das nach dem II. Weltkrieg verfallene Schloss wird zurzeit restauriert und bald in seiner alten Schönheit neu entstehen.

The »Great Castle« is an impressive Baroque building currently undergoing renovation after a period of post-war decay. It will soon be restored to its former glory.

Le grand château est une construction caractéristique de l'époque baroque. Le château tombé en ruine après la 2e Guerre mondiale est actuellement en restauration, et retrouvera bientôt toute sa splendeur d'autrefois.

Blankenburg

At Blankenburg / Blankenburg

◀ Etwas nördlich von Blankenburg liegt die Ruine der Burg Regenstein. Jährlich feiert man das Garnisonsfest und stellt in traditionellen Uniformen den Kampf um die Festung nach.

The ruins of Regenstein Castle to the north of Blankenburg are home to the annual Garrison Festival, where the battle for the fortress is reenacted in traditional uniforms.

La ruine du château fort de Regenstein est située quelque peu au nord de Blankenburg. Chaque année y est célébrée la fête de la garnison, on y rejoue les scènes de combat de défense de la forteresse en uniformes traditionnels.

▶ Das Rathaus mit Glockenturm und barockem Portal: Neben drei Wappen an der Fassade erinnern acht eingemauerte Kanonenkugeln an die Belagerung während des Dreißigjährigen Krieges.

The town hall with belltower and Baroque portal. The siege in the Thirty Years' War is commemorated by three coats of arms on the façade and eight cannonballs immured in the walls.

L'Hôtel de ville, son clocher et un portail baroque. Huit boulets de canon emmurés à côté de trois blasons apposés à la façade viennent rappeler le siège de la guerre de Trente Ans.

Kloster Michaelstein und Teufelsmauer

Michaelstein Monastery and Devil's Wall

Cloître de Michaelstein et le mur de diable

◀ Torhaus des Klosters Michaelstein mit der Bruchsteinbasis und dem herrlichen Fachwerk: Von der Zisterzienserabtei sind noch Refektorium, Kapitelsaal und Kreuzgang vorhanden.

The gatehouse of Michaelstein Monastery with quarrystone foundation and magnificent half-timbering. The refectory, pillared hall and cloisters of the original Cistercian abbey have survived.

Le portail du cloître de Michaelstein avec un soubassement en pierres de taille et un magnifique colombage. Le réfectoire, la salle capitulaire et le cloître de l'abbaye cistercienne existent aujourd'hui encore.

▶ Die sagenumwobene Teufelsmauer erstreckt sich mit bizarren Sandsteinklippen von Blankenburg bis nach Ballenstedt. Sie ist durch einen gesicherten Wanderweg erschlossen.

The bizarre sandstone crags of the legendary Devil's Wall tower between Blankenburg and Ballenstedt. A secure trail provides access for visitors.

Les écueils de grès aux formes insolites du légendaire mur du diable s'étendent de Blankenburg à Ballenstedt. On peut y accéder par un chemin sécurisé.

Thale

At Thale / Thale

◀ Am Hexentanzplatz hat man Fabelwesen und Teufel in Bronze gegossen. In vorchristlicher Zeit war es Opfer- und Kultstätte. Hier entstand die Legende von der Walpurgisnacht.

Bronze figures of mythical creatures and demons stand on the Witches' Dance Floor. In pre-Christian times this was a sacrifical and cult site where the legend of Walpurgisnacht originated.

Des êtres fabuleux et un diable ont été coulés dans le bronze sur la place de la danse des sorcières (Hexentanzplatz). Il s'agissait d'un lieu de culte et de sacrifices à l'ère préchrétienne. C'est ici que la légende de la nuit de Walpurgis a vu le jour.

▶ Das Tal der Bode, ein reißender Gebirgsfluss, ist für jeden Harzwanderer einer der Höhepunkte. Tief eingeschnittene Schluchten kennzeichnen dieses wildromantische, enge Tal.

The valley carved by the Bode, a mountain torrent, is among the highlights for hikers in the Harz. Deep, narrow gorges are a feature of the wildly romantic valley.

La vallée de la Bode, un fleuve de montagne fougueux, endroit à ne pas manquer pour tout visiteur du Harz. Les gorges très encaissées sont caractéristiques de cette vallée étroite, romantique et sauvage.

Quedlinburg

At Quedlinburg / Quedlinburg

◀ In Quedlinburg ist der romantische Ort, um auszuruhen, der schattige Biergarten vor der Burgschänke, der ideale Ausgangspunkt für einen Gang durch die historische Stadt.

Quedlinburg's shady beer garden at the castle inn is a romantic spot for a rest and the ideal starting-point for a tour of the historical town.

Quedlinburg est un lieu de détente romantique idéal, le jardin de la bière ombragé situé devant la brasserie du château est un point de départ idéal pour une ballade à pied à travers la ville historique.

▶ Das Rathaus erhielt im 17. Jahrhundert eine Renaissancefassade mit prunkvollem Portal, zu dem eine Freitreppe hinaufführt. Der Festsaal mit Gemälden zur Stadtgeschichte ist sehenswert.

In the 17th century the town hall received a Renaissance façade with a flight of steps leading up to its magnificent portal. The hall with paintings depicting the town's history is a visitor attraction.

L'Hôtel de ville a été doté d'une façade de style Renaissance et d'un magnifique portail, dont l'accès se fait d'en bas par un perron datant du 17e siècle. La salle des fêtes avec ses tableaux relatant l'histoire de ville mérite d'être vue.

Köstritzer
Köstritzer
WC

GELATERIA
hotel

Quedlinburger Marktplatz

Quedlinburg Market Square

Place du marché de Quedlinburg

◁ Der historische Marktplatz mit den Fachwerkhäusern der alten Patrizierfamilien: Von allen Seiten münden Gassen und Straßen in das romantische Zentrum der Altstadt.

The historical market square with half-timbered patricians' houses. Lanes and roads converge from all directions on this romantic center of the old quarter.

La place du marché historique avec les maisons à colombage de vieilles familles patriciennes. De tous côtés, des ruelles et des rues débouchent sur le centre romantique de la vieille cité.

▷ Der Weihnachtsmarkt, wo örtliches Kunsthandwerk, Holzarbeiten aus dem Erzgebirge und Buden mit Leckereien zusammentreffen, ist ein Höhepunkt im öffentlichen Leben der Stadt.

The Christmas market features local crafts, wood carvings from the Erzgebirge mountains and stalls selling delicious snacks – a highlight in the town calendar.

Le marché de Noël, où se côtoient l'artisanat local, les travaux sur bois en provenance des monts Métallifères et les stands de friandises, est le point central de la vie publique de la ville.

Schloss Quedlinburg

Quedlinburg Castle / Château de Quedlinburg

◀ QUEDLINBURG WAR DIE LIEBLINGSRESIDENZ des ersten Sachsenkaisers Heinrich I., vor allem zur Osterzeit. Aus dieser Periode sind noch Gewölbe vorhanden. Das Schloss auf einem mächtigen Sandsteinfelsen über der Stadt mit der berühmten Stiftskirche St. Servatii und Stiftsgebäuden ist UNESCO-Welterbe.

Quedlinburg was the favorite residence of the first Emperor of Saxony, Henry I, particularly at Eastertide. Underground vaults from this era still survive. A UNESCO World Heritage Site, the castle stands on a mighty sandstone outcrop overlooking the town, with the famous collegiate church of St. Servatii and associated buildings.

Quedlinburg était la résidence préférée du premier empereur de Saxe Henri Ier surtout au moment de Pâques. Des voûtes datant de cette période subsistent encore. Le château avec sa célèbre église collégiale St. Servatii et ses bâtiments abbatiaux surplombe la ville du haut d'un imposant rocher de grès et fait partie du patrimoine mondial de l'UNESCO.

Fachwerk in Quedlinburg
Half-Timbering in Quedlinburg
Les constructions à colombage de Quedlinburg

◁ Das ehemalige Gasthaus »Alte Börse«, im Steinweg am Rande der Altstadt gelegen, wurde als eines der letzten Fachwerkhäuser im Quedlinburger Stil noch 1683 erbaut.

The former inn "Alte Börse," in Steinweg on the fringe of the old quarter, was one of the last half-timbered houses to be built in the Quedlinburg style in 1683.

L'ancienne auberge « Alte Börse » (la vieille Bourse) située au Steinweg en marge de la vieille ville, fut une des dernières maisons à colombage à être construite dans le style de Quedlinburg en 1683.

▷ Das Haus Hoken mit der roten Fachwerkfassade unter steilem Dach setzt gleich neben dem Rathaus einen malerischen Akzent. Hoken war eine Krämergasse, wo man Waren »verhökert«.

Hoken House, with red half-timbered facade and steeply pitched roof, is a picturesque feature next to the town hall. Hoken was »Huckster's Lane« – hence the name.

La maison de Hoken avec sa façade à colombage rouge sous un toit très pentu a un aspect très pittoresque à côté de la mairie. Hoken était une ruelle d'épiciers où on « se débarrassait de marchandises en les vendant ».

Gernrode

At Gernrode / Gernrode

◀ Die Stiftskirche ist eine der am besten erhaltenen romanischen Kirchen aus ottonischer Zeit. Unter dem Ostchor befindet sich eine sehenswerte Krypta, im Seitenschiff ein Heiliges Grab.

The collegiate church is among the best-preserved Romanesque churches from the Ottonian era. An interesting crypt can be seen under the eastern chancel, and a Holy Sepulchre is in the side nave.

L'église collégiale est l'une des églises romanes les mieux conservées de l'époque ottonienne. Sous le chœur situé à l'est, une crypte remarquable, sur le bas-côté, un Saint Sépulcre.

▶ Mächtig ragt St. Cyriakus über das idyllische Städtchen mit seinen Fachwerkhäusern empor. In der Altstadt arbeitet noch eine Kuckucksuhrenfabrik, die man besichtigen kann.

St. Cyriakus towers over the idyllic half-timbered town. The old quarter still has a working cuckoo-clock factory which admits visitors.

Saint-Cyriacus, puissante, se dresse au milieu des maisons à colombage de la petite ville idyllique. Une usine d'horloges à coucou est encore en activité dans la vieille ville, on peut encore la visiter.

Schloss Ballenstedt

Ballenstedt Castle / Le château de Ballenstedt

◀ Das dreiflüglige Barockschloss mit einem besuchenswerten Landschaftsgarten wurde auf dem Gemäuer eines mittelalterlichen Klosters, von dem noch Reste einer romanischen Basilika und eines Turms erhalten sind, errichtet. Im Schlosstheater, dessen Bau 1788 begann, trat unter anderem Franz Liszt auf.

The three-wing Baroque castle with impressive landscaped gardens was built on the remains of a medieval monastery, of which the remains of a Romanesque basilica and a tower can still be seen today. Franz Liszt was among the performers in the castle theater, building commenced in 1788.

Le château baroque avec ses trois ailes et son remarquable jardin paysager a été construit sur la muraille d'un cloître médiéval dont subsistent encore les vestiges d'une basilique romane et d'une tour. C'est dans le théâtre du château, construit dès 1788, que Franz Liszt parmi tant d'autres se produisit.

Halberstadt – Dom zu Halberstadt

Halberstadt – Halberstadt Cathedral

La cathédrale d'Halberstadt

◀ Der Dom mit dem kostbaren Domschatz ist ein Meisterwerk der Gotik. Heute noch sind Langhaus und Chor durch einen Lettner mit einer darüber schwebenden Triumphkreuzgruppe getrennt.

The cathedral, with its rich and precious treasury, is a Gothic masterpiece. Today, a rood screen topped by a triumphal Crucifixion sculpture still separates the nave and chancel.

La cathédrale et son précieux trésor est un chef-d'œuvre de l'art gothique. La nef et le chœur sont aujourd'hui encore séparés par un jubé au-dessus duquel est suspendue une croix triomphante.

▶ Die Südseite des Doms nimmt der doppelgeschossige Kreuzgang ein. An die Kreuzgewölbe schließen sich der Kapitelsaal, die Stephanskapelle und die Neustädter Kapelle an.

A two-storey cloister runs along the southern aspect of the cathedral, adjoined by a pillared hall and Stephanskapelle and Neustädter Kapelle chapels.

Le cloître à deux étages occupe la partie sud de la cathédrale. La salle capitulaire, la chapelle de St Stéphane et la Neustädter Kapelle se rejoignent au niveau de la voûte à croisée d'ogives.

Westerburg

At Westerburg / Westerburg

◀ **Mitten im Burghof** steht das ehemalige Taubenhaus. Es ist restauriert – und man vermietet es gerne an Hochzeitspaare. Über eine Wendeltreppe gelangt man in ein zauberhaftes Zimmer.

The former dovecote stands in the castle courtyard. Now renovated, it is popular with honeymoon couples. A spiral staircase leads to a charming room.

L'ancien pigeonnier se tient au beau milieu de la cour du château. Ayant été restauré, on le loue volontiers aux jeunes mariés. Un escalier en colimaçon mène à une chambre ravissante.

▶ **Die Westerburg** liegt im nördlichen Harzvorland und gilt als die älteste erhaltene Wasserburg Deutschlands. Aus der Festung ist heute ein komfortables »Romanik-Hotel« geworden.

Westerburg is in the northern foothills of the Harz and is Germany's oldest and best-preserved moated castle. The fortress is now a comfortable Romanesque-style hotel.

Westerburg est située au nord de l'avant-pays du Harz et est considéré comme le plus ancien château d'eau subsistant encore en Allemagne. La forteresse est devenue aujourd'hui un « hôtel romantique » de tout confort.

KAUFHAUS AM MARKT
SCHAUSEIL & PROBST
Sparkasse

Eisleben

At Eisleben / Eisleben

◂ Der Markt wird vom wuchtigen Rathaus beherrscht: ein zweigeschossiger Bau mit spätgotisch hohem Giebel. Auf den Längsseiten stehen die Häuser einst wohlhabender Patrizier.

The market is dominated by the mighty town hall, a two-storey building with high Late Gothic gable. The long sides are lined by houses once owned by prosperous patricians.

On ne voit que l'Hôtel de ville sur la place du marché. Cet imposant édifice à deux étages est doté d'un grand pignon de style gothique flamboyant. Sur ses côtés longitudinaux se dressent des maisons de patriciens, qui avaient jadis pignon sur rue.

▸ Der Reichtum der Stadt resultierte aus dem Abbau von Kupfer und Silber. So entstand die Figur »Kamerad Martin« vor dem Neustädter Rathaus, Symbol und Sinnbild für den Bergbau.

The town's prosperity was founded on copper and silver mining. »Comrade Martin,« in front of Neustädter Town Hall, is a symbol of this mining industry.

La richesse de la ville est due à l'exploitation du cuivre et de l'argent. C'est pourquoi la statue du « camarade Martin » se dresse devant la mairie de Neustadt, elle est le symbole et l'emblème de l'extraction minière.

Lutherstadt Eisleben

Eisleben – Luther‘s Town

La ville de Luther Eisleben

◂ **Martin Luther,** der große Reformator, wurde 1483 hier in Eisleben als Sohn angesehener Bürger geboren. Sein Denkmal steht auf dem Marktplatz vor Rathaus und Andreaskirche.

The great reformer Martin Luther was born here in Eisleben in 1483, the son of well-to-do citizens. His monument stands on the market square before the town hall and St. Andrew‘s Church.

Martin Luther, le grand réformateur, vit le jour ici en 1483. Il était le fils de citoyens respectés de Eisleben. Son monument se dresse sur la place du marché devant la mairie et l'église St Andreas.

▸ **Luthers Geburtshaus** brannte 1683 nieder, wurde aber bald darauf als Gedächtnisstätte mit dem »Schönen Saal« wieder aufgebaut. Das Relief über der Tür zeigt den Reformator.

Luther‘s birthplace was destroyed in a fire in 1683 but was rebuilt as a memorial with its "Beautiful Hall." The reformer is depicted in the relief over the door.

La maison natale de Luther brûla en 1683, elle fut toutefois bientôt reconstruite en un monument commémoratif avec sa « belle salle ». Le relief au-dessus de la porte représente le réformateur.

Gottes Wort ist Luthers Lehr, darum vergeht sie nimmer mehr.

Der Harz – ein Genuss!

Pleasures of the Harz / Harz – quel plaisir !

▷ VON HÜBSCHEN WIESENTÄLERN, silbernen Wassern und mannigfaltig grünen Bäumen schreibt der Romantiker Heinrich Heine während seiner zweiwöchigen Wanderung in der »Harzreise«. Es hat sich zum Glück wenig geändert: Die wundervolle Harmonie zwischen Natur und Kultur blieb erhalten.

In "The Harz Journey," Romantic poet Heinrich Heine wrote of the pretty meadowed valleys, silver streams and green trees he saw during his two-week tour. Fortunately, little has changed since then, and the wonderful harmony of nature and culture has been preserved.

Le romantique Heinrich Heine évoque par écrit les jolies vallées verdoyantes, les eaux argentées et les arbres aux nuances de vert observés dans sa randonnée réalisée sur deux semaines lors de « son voyage au pays du Harz ». Heureusement peu de choses ont changé depuis. L'harmonie merveilleuse existant entre la nature et la culture est toujours intacte.

Impressum

Der Autor: Hans-Peter Gutmann arbeitete als Lektor und Cheflektor, Verlagsleiter und Manager in verschiedenen deutschen Verlagen. Seit mehreren Jahren ist er Berater für deutsche und internationale Verlage. Als Autor veröffentlichte er zahlreiche Bücher aus seinen Fachgebieten Geschichte, Geografie und Literatur.

Produktmanagement: Joachim Hellmuth, Susanne Kuhl
Graphische Gestaltung: Mike Joerihsen, Sturmzeit Grafikstudio, Wolfurt
Englische Übersetzung: Alison Moffat, München
Französische Übersetzung: Sandra Brandstetter, Bernau am Chiemsee
Kartografie: Thomas Vogelmann, Mannheim
Herstellung: Bettina Schippel
Repro: Medienfabrik, Stuttgart
Printed in Slovenia by Korotan, Ljubljana

Alle Angaben dieses Bandes wurden vom Autor sorgfältig recherchiert
und vom Verlag auf Stimmigkeit und Aktualität geprüft.
Allerdings kann keine Haftung für die Richtigkeit der Informationen
übernommen werden. Für Hinweise und Anregungen sind wir dankbar.
Zuschriften an den:
Bruckmann Verlag,
Produktmanagement,
Postfach 400209,
D-80702 München
E-Mail: lektorat@bruckmann.de

Bildnachweis:

BILDAGENTUR HUBER

pa picture alliance

Alle Abbildungen des Umschlags und des Innenteils stammen von der Bildagentur Huber, Garmisch-Partenkirchen, außer: Harzer Tourismusverband e.V.: Karte Vorsatz; Look, München: Seite 65, 66; Picture Alliance/dpa, Frankfurt a. M.: Seite 14, 15, 18, 22, 24, 25, 28, 34, 35, 36, 39 (2), 42, 43, 44/45, 49, 52, 53, 57, 59, 67, 68, 70, 71, 76/77, 78, 79, 82/83, 85, 86, 87, 89, 91; Gerhard Launer/WFL-GmbH, Rottendorf: Seite 16/17, 20/21, 30/31, 46, 54, 62/63, 92/93;

Einbandfotos :
Vorderseite: Die Brockenbahn
Rückseite: Schloss Stolberg (gr.), der marktplatz von Goslar (kl.o.), Roland am Rathaus in Nordhausen (kl.u.)

Die Deutsche Nationalbibliothek verzeichnet diese Publikation in der deutschen Nationalbibliografie; detaillierte bibliografische Daten sind im Internet über http://dnb-nb.de abrufbar.

ISBN 978-3-7654-5422-6

Lüdge
Bremerhaven
HAMBURG
Schwerin
Müritz
Elbe
Bremen
Havel
BERLIN
Weser
Potsdam
Hannover
Braunschweig
Bielefeld
Ems
Magdeburg
Harz
Halle
Elbe
Ruhr
Kassel
Leipzig
Saale
Dresden
Gera
Erfurt
Chemnitz
Eschershausen
7
Langelsheim
Innerste-Stausee
Seesen
Stadtoldendorf
Bad Gandersheim
Einbeck
Clausthal-Zellerfeld
Dassel
Bad Grund
Kalefeld
Badenhausen
Osterrode
Northeim
Rhume
Katlenburg-
-Lindau
Beverungen
Uslar
Weser
Bad Karlshafen
Bodenfelde
Hardegsen
Leine
Hattorf
Herzberg
Nörten-Hardenberg
Bilshausen
Oder
Gieboldehausen
Trendelburg
Bovenden
Adelebsen
Seeburger See
Göttingen
Duderstadt
Hofgeismar
10 km
Reinhardshausen
Dransfeld
7
Gleichen
▲ 428
Teistungen